DISSERTATION

SUR L'ORIGINE

DES IDÉES

Où l'on fait voir,

CONTRE Mr. DESCARTES,

LE REVEREND PERE

MALEBRANCHE,

ET MESSIEURS

DE PORT-ROYAL,

Qu'elles nous viennent toutes des sens,
& comment.

——— Le prix est de douze sols.

A PARIS,

Chez FRANÇOIS DELAULNE, Place Sorbonne,
attenant le College de Cluny, à
Saint François.

ET

JEAN MUSIER, à la descente du Pont-neuf,
à l'Olivier.

——————

M. DCC. IX.

Avec Approbation & Permission.

PREFACE.

L'On a long-temps soûtenu dans les Ecoles, & l'on y soûtient encore en bien des endroits, l'opinion que j'entreprends de deffendre dans cette Dissertation : mais à peine trouvera-t-on ni chez les Scolastiques, ni ailleurs, un seul mot de tout ce qu'elle contient.

J'y débite des preuves toutes nouvelles de chaque chose que j'avance, & j'y développe la maniere dont les idées des objets les plus insensibles nous viennent néanmoins par les sens, ce qu'aucun autre, que je sçache, n'avoit encore entrepris de faire avant moi. L'on y trouvera quelques nouvelles objections, contre des personnes dont l'autorité est fort seduisante ; & si j'en voulois croire plusieurs Sçavans qui m'ont fait l'honneur de la lire, il n'a rien paru d'aussi fort sur cette matiere ; peut-

PREFACE.

être parce que personne n'a entrepris
de la traitter à fond. Ce n'est cependant pas qu'elle ne le merite, car le
peu que j'en dis, s'il est veritablement
solide, renverse absolument toute la
Recherche de la Verité du R. P. Malebranche, & peut fort contribuer à
rappeller le goût de la veritable Logique, que les nouveaux Philosophes
avoient perduë de reputation. J'établirai peut-être la verité de ces deux
réfléxions dans des Ouvrages faits
exprés; mais il faut d'abord éprouver
quel jugement portera le Public sur
ce coup d'essai.

    Soit que l'on me réfute, ou que l'on
ne puisse me répondre, j'y trouverai
toûjours également mon compte. Je
serai content si l'on me réfute, & je
rendrai volontiers les armes; parce
que je n'aurois rien plus à cœur que
d'être disciple des Grands-Hommes
que j'attaque. Je serai encore plus
satisfait si personne ne me resiste;
parce que je croirai pour lors avoir
rencontré la verité; à moins que

PRÉFACE.

mes adverſaires ne dédaignaſſent de
répondre à un Ouvrage de ſi peu
de conſequence : en quoy j'aurois
quelque ſujet de me plaindre, qu'ils
vouluſſent laiſſer dans l'erreur, un
homme qui ne ſouhaite rien plus que
d'être deſabuſé, s'il a tort. Mais il y
a plus, je ne ſerois pas le ſeul qui
en ſouffrirois ; puiſque tous ceux à
qui j'ai montré cette Diſſertation,
quoique prévenus pour la plûpart
d'une opinion contraire à la mienne,
ont pourtant aſſuré qu'ils trouvoient
ſi naturelle la maniere dont je dedui-
ſois toutes les idées des ſens, qu'ils
ſouſcriroient volontiers à mes raiſons,
tant qu'ils n'en verroient pas de plus
fortes pour le ſentiment oppoſé.

Au reſte, que l'on ne croye pas que je
prétende m'applaudir par tout ce que
je dis ici ; je ſçai trop à quelles per-
ſonnes j'ai affaire, & je proteſte que
j'attens leurs inſtructions avec toute
la docilité qu'ils pourroient eux-mêmes ſouhaitter dans leurs diſciples.

APPROBATION.

J'Ai lû par ordre de Monseigneur le Chancelier, une *Dissertation sur l'origine des Idées*, & je n'y ai rien trouvé qui puisse en empêcher l'impression. Fait à Paris ce 29. Juillet 1709.

BURETTE.

PRIVILEGE DU ROY.

LOUIS PAR LA GRACE DE DIEU, ROY DE FRANCE ET DE NAVARRE: A nos Amez & feaux Conseillers, les Gens tenans nos Cours de Parlement, Maistres des Requestes ordinaires de nostre Hostel, Grand Conseil, Prevost de Paris, Baillifs, Senéchaux, leurs Lieutenans Civils, & autres nos Justiciers qu'il appartiendra. Salut, le S. *** Nous ayant fait supplier de luy accorder nos Lettres de permission pour l'impression d'un petit Livre intitulé *Dissertation sur l'origine des Idées*; Nous luy avons permis & permettons par ces Presentes de faire imprimer ledit Livre en telle forme, marge, caractere, & autant de fois que bon luy semblera, & de le faire vendre & debiter par tout nostre Royau-

me , pendant le temps de trois années
confecutives , à compter du jour de la
date defdites Prefentes. Faifons deffen-
fes à tous Imprimeurs , Libraires , &
autres perfonnes de quelque qualité &
condition qu'elles foient , d'en introdui-
re d'impreffion étrangere dans aucun lieu
de noftre obéiffance , à la charge que
ces Prefentes feront enregiftrées tout au
long fur le Regiftre de la Communauté
des Imprimeurs & Libraires de Paris ,
& ce dans trois mois de la date d'icelles;
que l'impreffion dudit Livre fera faite
dans noftre Royaume, & non ailleurs,
en bon papier & en beaux caracteres,
conformément aux Reglemens de la Li-
brairie ; & qu'avant que de l'expofer
en vente , il en fera mis deux Exem-
plaires dans noftre Bibliotheque publi-
que , un dans celle de noftre Chafteau
du Louvre , & un dans celle de noftre
tres-cher & feal Chevalier Chancelier
de France le Sieur Phelypeaux , Comte
de Pontchartrain , Commandeur de
nos Ordres , le tout à peine de nullité
des Préfentes ; du contenu defquelles
Vous mandons & enjoignons de faire
joüir l'Expofant ou fes ayans caufe,
pleinement & paifiblement , fans fouffrir qu'il leur foit fait aucun trouble
ou empefchement. Voulons qu'à la co-

pie defdites Prefentes qui fera imprimée
au commencement ou à la fin dudit Livre, foy foit ajoûtée comme à l'original;
Commandons au premier noftre Huif-
fier ou Sergent de faire pour l'execution
d'icelles tous Actes requis & neceffaires,
fans demander autre permiffion , &
nonobftant clameur de haro , charte
Normande , & lettres à ce contraires;
Car tel eft noftre plaifir. Donne' à
Verfailles le dix-feptiéme jour de Novembre, l'an de grace mil fept cent neuf,
& de noftre Regne le foixante-feptiéme.
Par le Roy en fon Confeil,
                    LECOMTE.

*Regiftré fur le Regiftre., N° 2. de la
Communauté des Libraires & Imprimeurs
de Paris , page 510. N° 952. conformément
aux Reglemens , & notamment à l'Arreft
du Confeil du 13. Aouft 1703. A Paris,
ce 25. Novembre , 1709.*
                    P. DELAUNAY, Syndic.

DISSERT.

DISSERTATION

SUR L'ORIGINE
DES IDÉES,

Où l'on fait voir,

CONTRE Mr. DESCARTES,

LE REVEREND PERE

MALEBRANCHE,

ET MESSIEURS

DE PORT-ROYAL,

Qu'elles nous viennent toutes des sens,
& comment.

Le Motif & le Plan de cette Dissertation.

L'ORIGINE des idées est de toutes les matieres Philosophiques, celle qui fait le mieux sentir combien les esprits les plus sublimes sont capables de défigurer

A

les choses qu'ils traittent, quand ils en-
treprennent de leur donner des airs de
grandeur & de spiritualité qui ne leur
conviennent point. En effet, il est mal-
aisé de s'imaginer où vont se perdre nos
Philosophes modernes, pour ne pas dire
nos mystiques, sur cette question.

Nous esperons faire voir clairement,
que toutes le[s] idées nous viennent des
[sens], & nou[s pouv]ons bien dire par avance,
que c'est un[e ver]ité incontestable; mais
comme ce n'e[st pa]s une verité qui contente
nôtre org[ueil] secret, puis qu'elle fait connoître la dependance humiliante où est
l'esprit, d'un corps qui nous est commun
avec les bêtes, il a fallu à ces Grands
Hommes, malgré le consentement de-
claré de plusieurs siecles, & l'accord
ordinairement si rare de * toutes les

* Platon qui est le seul dont on pût douter,
parle ainsi dans son Timée vers le commencement : Ὄψις δὴ, κατὰ τὸν ἐμὸν λόγον, αἰτία τῆς μι-
γίστης ὠφελίας γέγονεν ἡμῖν· ὅτι τῶν νῦν λόγων περὶ τοῦ
παντὸς λεγομένων οὐδεὶς ἄν ποτε ἐρρήθη, μήτε ἄστρα,
μήτε ἥλιον, μήτ' οὐρανὸν ἰδόντων. νῦν δ' ἡμέρα τι καὶ
νὺξ ὀφθεῖσαι, μῆνές τε καὶ ἐνιαυτῶν περίοδοι μεμηχά-
νηνται μὲν ἀριθμόν, χρόνου δὲ ἔννοιαν, περί τε τῆς τοῦ
παντὸς φύσεως ζήτησιν ἔδοσαν, ἐξ ὧν ἐπορισάμεθα
φιλοσοφίας γένος, οὗ μεῖζον ἀγαθὸν οὔτ' ἦλθεν οὔθ' ἥξει ποτὲ

Sectes de Philosophes , étouffer autant qu'il a pû se faire , un sentiment si desobligeant , & former des systemes plus dignes de la grandeur de l'homme ; mais sans examiner assez à fond , si l'experience de tous les jours ne démentoit point un si beau dessein.

Il est vrai que l'on ne souftrait l'homme à l'esclavage des sens , que pour le dépoüiller de toutes les belles qualitez dont son esprit étoit revêtu ; mais si on lui ravir les propres richesses , ce n'est

τῶν ὄντων ... ... Je ne trouve rien de plus avantageux que la vûë. Nous ne sçaurions rien de tout ce que nous disons sur l'Univers , & l'on n'auroit pu nous en rien aprendre , si nous n'avions jamais vu ni les Astres, ni le Soleil , ni le Ciel ; l'alternative du jour & de la nuit , & la revolution des mois & des années nous ont donné la science des nombres & du temps , & nous ont fait rechercher & connoitre la nature de l'Univers ; & c'est d'où nous est venüe la Philosophie , qui est le plus grand & le plus utile de tous les biens que les Dieux nous ayent accordé , & qu'ils puissent jamais nous accorder..... L'on doit dire précisément la même chose de la parole & de l'oüie que les Dieux ont données à l'homme pour les mêmes raisons & dans les mêmes vûës.

Ciceron attribue à ce Philosophe le même sentiment , liv. I. des qq. Academiques. *Quamquam oritetur à sensibus , tamen non esse judicium veritatis in sensibus.*

que pour le faire participer, dit-on, à celles de Dieu ; il faudroit qu'il prît garde de bien prés à fes interêts, pour ne fe pas eftimer bien dédommagé , pour ne pas croire même gagner à une alternative fi feduifante : l'on n'en eft pas cependant venu tout d'un coup à cette extrêmité.

Monfieur Defcartes qui par fon admirable hardieffe a fait de fi belles découvertes, a cru les devoir étendre jufqu'à l'origine des idées : il n'a point fait difficulté de reconnoître Dieu pour unique Auteur de celles qu'il avoûë nous venir des fens ; & il a prétendu qu'il y en avoit de naturelles , qu'il appelle innées, parce qu'il croit que nous naiffons avec elles.

Le Pere Malebranche a pouffé les chofes plus loin ; & comme s'il eût eu en vûë de rendre tout-à-fait inutile l'entendement, dont Monfieur Defcartes avoit déja fort exageré l'impuiffance; il n'a point admis d'autres idées que celles de Dieu, dont il nous donne feulement la perception, fans nous en laiffer former ni recevoir d'aprochantes, pour plufieurs raifons , qui ne font demonftratives que pour lui.

Ils fe font honneur l'un & l'autre de placer Dieu où ils auroient bien pû laiffer l'homme, & la puiffance incomprehenſible de l'Etre ſouverain, a paru un refuge aſſuré à ces Meditatifs, qui ne voyoient pas aſſez clair dans les facultez imparfaites de la creature.

C'eſt contre cet abus de la credulité du Public que je ſuis obligé de m'élever ici, avant que de venir au but principal de cette Diſſertation. Mais comme je ne m'étois propoſé d'abord, que de faire voir comment nos idées viennent des ſens; je n'entreprens pas tant de réfuter ces deux Grands Hommes, que de faire valoir mon ſentiment qui détruit le leur. Ainſi ce ne ſera que pour n'avoir pas pû m'en diſpenſer, que je prouverai directement contre eux.

1°, Que l'on pourroit tout au moins douter, ſi Dieu ſeul forme nos idées ou nos perceptions à l'occaſion des objets preſens.

2°, Que nous n'apportons avec nous aucunes idées en naiſſant.

3°, Que ce n'eſt point en Dieu que nous voyons toutes choſes : Et ce ſera la premiere partie de la Diſſertation.

Aprés quoi, uniquement occupé de la matiere qui m'a engagé à écrire, pour faire remonter les idées les plus ſpirituelles, juſqu'aux ſenſations, comme à leur ſource ; je tâcherai de démontrer,

A iij

sans faire mention des idées des corps grossiers & culpables, dont j'aurai deja fait naître la connoissance des sens dans ce qui aura precedé; je tâcherai, dis-je, de demontrer,

1°, La distinction entre les objets negatifs & les positifs, & que l'on connoît les premiers positivement, &, par les sens.

2°, Que les objets materiels insensibles, se connoissent aussi par les sens.

3°, Que les objets purement spirituels, Dieu, la justice, nôtre ame, & nôtre pensée, nous sont encore connus par la même voye : & l'on appuyera dans chaque article, principalement sur la maniere dont toutes ces idées nous viennent par les sens.

PREMIERE PARTIE.

§. I.

Que l'on pourroit tout au moins douter si Dieu seul forme nos idées à l'occasion des objets sensibles.

IL n'est pas difficile de remarquer à la maniere dont j'exprime ce titre, que je n'attribuë aux objets materiels aucune efficace sur l'esprit, & que je veux seulement conserver à l'entendement la faculté de former ses idées, que les nouveaux Philosophes voudroient lui arracher, malgré une possession aussi ancienne que la Philosophie.

Mais je ne prétends pas même revendiquer opiniâtrément cette faculté, dont il seroit peut-être aussi impossible de démontrer l'existence, qu'il l'ût d'en faire voir la repugnance. Voici seulement ce que j'ai à representer aux Philosophes contre qui je parle, pour leur faire avoüer qu'ils ne devoient pas assurer aussi positivement qu'ils le font, que nôtre entendement ne produit point ses idées.

Il est indigne d'un Philosophe, quand il se trouve embarassé à expliquer quelque chose de naturel, de chercher un asyle dans Dieu, comme dans un Temple, ou près d'un Autel, pour me servir de l'expression de Ciceron : *Quod vos cum facere non potestis,* dit cet Autheur, *tanquam in Aram confugitis ad Deum.* C'est une ressource qu'il faut laisser aux ignorans, si l'on ne veut pas être confondu avec eux ; mais sur-tout lorsque l'on se pique de rafiner & d'enrichir sur les Anciens, il ne faut point donner dans un subterfuge, évité avec soin & scrupule par tous les Anciens. A iiij

Liv 3. de la Nature des Dieux

C'eſt neanmoins préciſement l'incon-
venient dans lequel ſont tombez Deſcartes & ſes Diſciples en pluſieurs rencon-
tres. Je n'en rapporte qu'une avec celle
dont il s'agit. Ils ne voyent pas comment
nôtre ame peut donner du mouvement aux
corps ? ils diſent auſſi-tôt que Dieu ſeul
eſt la cauſe du mouvement ; il ne leur paroît pas bien demontré, que nôtre eſprit
forme toutes ſes idées ? C'eſt Dieu qu'ils
en regardent comme l'Autheur

Rien n'eſt plus aiſé que cet expedient ;
mais par malheur, le plus aiſé n'eſt pas
toûjours le meilleur, & l'on ne peut pas
toûjours prendre la facilité avec laquelle
un ſyſtême ſe trouve, pour une marque de
ſa verité.

Car, s'ils ont fort judicieuſement re-
marqué, que les corps ſont incapables de
produire ni les idées, ni le mouvement, ils
ne devoient pas pour cela, ſans des raiſons
demonſtratives, mettre nos ames dans le
même rang ; & cependant quels ſont les
motifs qui leur font embraſſer un parti ſi
deſavantageux à l'eſprit créé ? Le Pere
Malebranche eſt celui de tous qui les a
le mieux expliquez ; & cependant l'on ne
peut les lire dans ſon Livre, ſans être
ſurpris de leur peu de ſolidité. Examinons
celles dont ce Pere ſe ſert pour les idées.

Examen de la premiere Demonstration.

Par laquelle le Pere Malebranche prouve que nos idées ne sont point produites par nôtre esprit.

C'est, dit ce Pere, que la production des idées, de la maniere qu'on l'explique, est une veritable création, (qui de l'aveu de tout le monde, ne convient point à la creature.)

Si ce Philosophe n'avoit pas senti qu'on lui nieroit, qu'une idée fût autre chose qu'ue modification, ni que la production d'une modalité fût une création, on seroit moins étonné de lui voir employer un long discours pour prouver, par la répugnance qu'il y auroit, qu'un esprit borné pût créer ; que ce même esprit ne sçauroit produire d'idées ; mais qu'il ait lui-même avoüé que les idées au sens de ses adversaires, ne sont que de simples modifications ; qu'il ait compris que la création est la production d'une substance, & qu'il ait, malgré ces notions, appuyé l'impuissance prétenduë où est l'esprit de produire ses idées, sur l'incapacité où est un être fini de créer : c'est ce que je n'ai

Recher-
che de la
veritél. 3.
c. 3 de la
1. Part.

A v

jamais pû digerer, quelque prévenu que
j'aye été pour ce Philofophe.

En effet, le P. Malebranche s'accom-
moderoit-il d'un homme, qui com-
ptant fur la verité des propofitions
qu'il auroit lûës dans le Chapitre que
nous examinons, prouveroit que la volonté n'eft non plus que l'entendement,
capable d'aucune action. Car il le feroit avec fucces, en fubftituant fimple-
ment au nom d'idées qui eft dans le tex-
te de ce Pere, celui d'actes de la volonté,
(fçavoir l'amour, la haine, &c.) Voici
comment.

Ibid.   » Perfonne ne peut douter que (les
» actions de la volonté)ne foient des êtres
» tres-réels, puis qu'elles ont des pro-
» prietez tres-réelles, que les unes ne
» different des autres, & qu'elles ne fe
» portent vers des chofes toutes differen-
» tes. On ne peut auffi raifonnablement
» douter qu'elles ne foient fpirituelles,
» & fort differentes des corps (vers lef-
» quels la plûpart d'entr'elles fe portent)
» & cela femble affez fort, pour faire
» douter fi les (actions de la volonté par
» le moyen defquelles l'on fe porte où
» fe détourne des corps,) ne font pas plus
» nobles que les corps mêmes . . . . . .
» Ainfi quand on affure que les hommes

ont la puissance de former des (actes de «
leur volonté) tels qu'il leur plaît, on «
se met fort en danger d'assurer que les «
hommes ont la puissance de faire des «
êtres plus nobles & plus parfaits, que «
le monde que Dieu a créé. On ne fait «
pas cependant reflexion à cela, parce «
qu'on s'imagine (qu'un acte de la vo- «
lonté) n'est rien, à cause qu'il ne se «
fait point sentir, ou bien si on le re- «
garde comme un être, c'est comme un «
être bien mince & bien méprisable, «
parce qu'on s'imagine qu'il est anéanti «
dés qu'il n'est plus (l'occupation pre- «
sente de la volonté.) «

Mais quand même il seroit vrai que «
les (actions de la volonté) ne seroient «
que des êtres bien minces & bien mé- «
prisables ; ce sont pourtant des êtres, «
& des êtres spirituels ; & les hommes «
n'ayant pas la puissance de créer, il «
s'ensuit qu'ils ne peuvent pas les pro- «
duire ; car la production des (actions «
de la volonté) de la manière qu'on «
l'explique, est une veritable création. «
Et quoi qu'on tâche de pallier & d'a- «
doucir la hardiesse & la dureté de cette «
opinion, en disant que la production «
des (actes de la volonté) suppose quel- «
que chose, & que la création ne suppose «

» rien, on ne rend pas neanmoins raiſon
» du fond de la difficulté.

»   Car il faut prendre garde qu'il n'eſt
» pas plus difficile de produire quelque
» choſe de rien, que de la produire en
» ſuppoſant une autre choſe de laquelle
» elle ne ſe peut pas faire, & qui ne puiſſe
» contribuer de rien à la production. Par
» exemple, il n'eſt pas plus difficile de
» créer un Ange, que de le produire
» d'une pierre, parce qu'une pierre
» étant d'un genre d'être tout oppo-
» ſé, elle ne peut ſervir de rien à
» la production d'un Ange ; mais elle
» peut contribuer à la production du pain,
» de l'or, &c. parce que la pierre, l'or
» & le pain, ne ſont qu'une même éten-
» duë, diverſement configurée, & que
» toutes ces choſes ſont materielles.

»   Il eſt même plus difficile de produire
» un Ange d'une pierre, que de le pro-
» duire de rien : parce que pour faire un
» Ange d'une pierre, autant que cela ſe
» peut faire, il faut anéantir la pierre,
» & enſuite créer l'Ange ; & pour créer
» ſimplement un Ange, il ne faut rien
» anéantir. Si donc (la volonté) produit
» (celles de ſes actions, qui ont pour objet
» les corps) il faut toûjours la même
» choſe, ou une choſe, auſſi difficile, ou

même plus difficile que si elle les créoit,
puisque les (actions de la volonté) étant
spirituelles, elles ne peuvent pas être
produites (des corps) qui n'ont point
de proportion avec elles.

Que si on dit qu'un acte de la volonté n'est pas une substance, je le veux;
mais c'est toûjours une chose spirituelle,
& comme il n'est pas possible de faire
un quarré d'un esprit, quoi qu'un carré
ne soit pas une substance; il n'est pas
possible aussi de former d'une substance
materielle, (un acte spirituel de la volonté;) quand même cet acte ne seroit
pas une substance.

Si le **P**. Malebranche adopte tout ce
raisonnement, comme on croit pouvoir
se le promettre, de la maniere dont il
s'exprime, entr'autres dans le premier
Chapitre de sa Recherche, & dans son
premier Eclaircissement, où en parlant
de la volonté, il semble nier qu'elle puisse
elle-même se modifier, ou se donner de
nouvelles modifications. Je veux bien
convenir qu'il a été inutile d'appliquer
toute la suite de son discours aux actes de
la volonté, pour lui faire reconnoître
que l'entendement produisoit ses idées;
mais j'ose avancer que la notion qu'il
donne de la volonté, est tout ce qu'il y

a de plus dangereux, pour ne pas dire
de plus manifestement erronné.

Eclaircissons un peu cette matiere que
le P. Malebranche paroît embroüiller,
puisqu'il nous est impossible d'aller plus
loin sans cette digression.

Je suis surpris que ce Pere qui semble
par bien des endroits de son Livre, avoir
distingué la substance de la faculté ou de
la puissance : la faculté de l'habitude ou
de la facilité ; & l'habitude de l'acte,
comme il faut absolument les distinguer,
si l'on veut se rendre intelligible Je suis
surpris, dis-je, que dans la définition
même qu'il donne de la volonté, il n'y
renferme point le mot de faculté, & qu'il
dise que par la volonté, il prétend dési-
Recherc. de la Ver. L. c. 1. gner *l'impression ou le mouvement naturel
qui nous porte vers le bien indeterminé, &*
en général ; ce qui n'est au fond que le
mouvement même & l'inclination actuelle
de l'ame, pendant qu'il a reconnu vingt
lignes plus haut, & qu'il doit absolument
reconnoître, que la volonté est simplement la faculté de recevoir ce mouvement, ce penchant, cette inclination, ou
cette impression ; de même que dans la
matiere, la faculté de recevoir du mouvement, est differente du mouvement
même, puisque de la matiere en repos,

conserve cette faculté ou cette puissance, en ce qu'elle est capable d'être mûë.

Ce n'est cependant point une chose qui soit indifferente : car si la volonté est l'acte même, & le penchant de l'ame vers le bien en general, & non pas la puissance ou la faculté de s'y porter ; comme il est tres-aisé de montrer que c'est Dieu qui est l'auteur de la volonté, il ne sera plus surprenant que Dieu soit l'auteur de l'inclination que nous avons pour le bien en general ; & par consequent il faudra convenir que nôtre ame ne sçauroit se modifier, en se donnant de l'inclination pour ce bien.

Et de même, si le libre arbitre n'est que l'impression & le penchant de l'esprit vers les objets particuliers ; comme personne ne doute que Dieu ne soit autheur de la liberté, comme Pelage le reconnoissoit lui-même, Dieu sera aussi l'autheur de nos penchans actuels vers les biens particuliers, & nous ne pourrons nous donner aucune modification, qui soit un amour d'aucun bien particulier.

Mais si la volonté, bien loin d'être simplement une impression que Dieu nous donne, & qui nous porte vers le bien en general, est la faculté ou la puissance qu'a nôtre esprit, de recevoir cette im-

preſſion , ou peut-être même de ſe la
donner , de même que la liberté eſt *la
force qu'a l'eſprit de détourner cette impreſſion vers les objets qui nous plaiſent ,
& faire ainſi que nos inclinations naturelles ſoient terminées à quelque objet particulier* , & non pas un penchant actuel
que Dieu nous donne de nouveau vers
cet objet particulier ; il ne ſuffit plus de
faire voir que c'eſt de Dieu que la volonté & la liberté nous ſont venuës , pour
prouver que nôtre eſprit ne ſçauroit ſe
modifier ; il faut montrer de nouveau que
ces deux facultez qui , vrai - ſembla-
blement n'en font qu'une , ſont purement
paſſives , c'eſt-à-dire , uniquement capables de recevoir de Dieu tout leur mouvement ; ce qui eſt tout au moins Luthe-
rien ; ou l'on retombe dans nôtre ſentiment , ſi l'on convient qu'elles ſont acti-
ves , comme la force de la verité au travers de mille propoſitions contraires , le
fait avoüer au P. Malebranche , *de la volonté.* Mais il n'en eſt pas de même de
la volonté (comme de la matiere) on
peut dire en un ſens qu'elle eſt agiſſante,
& qu'elle a en elle-même la force de
determiner diverſement l'inclination ou
l'impreſſion que Dieu lui donne ; car
quoi qu'elle ne puiſſe pas arrêter cette

Ibid.

Recherc.
de la Ver.
ch. 1.

impreffion , elle peut en un fens la dé- «
tourner du côté qu'il lui plaît , & caufer «
ainfi tout le déreglement qui fe rencon- «
tre dans fes inclinations , & toutes les «
miferes qui font des fuites neceffaires «
& certaines du peché. *Et de la liberté.* « 1. Eclair.
S'il eft donc vrai que nous pouvons « p. 481. de
vouloir confiderer de prés ce que nous « l'inquar.
voyons déja comme de loin , puifque « de la 4.
nous fommes unis avec l'être univer- « Edit.
fel ; & s'il eft certain qu'en vertu des «
loix de la nature , les idées s'appro- «
chent de nous dés que nous le voulons, «
on en doit conclure , «

    Premierement , que nous avons un «
principe de nos déterminations..... «

    Secondement , que ce principe de nos «
déterminations eft toûjours libre à l'é- «
gard des biens particuliers .... J'avoûë «
cependant que lorfque nous ne pechons « P. 481
point , & que nous refiftons à la tenta- «
tion, on peut dire en un fens , que nous «
nous donnons une nouvelle modifica- «
tion , à caufe que nous voulons penfer «
à d'autres chofes qu'aux faux biens qui «
nous tentent. Mais ce que nous faifons «
alors , eft produit par l'action que «
Dieu met en nous (il faloit dire,par la «
faculté d'agir que Dieu met en nous) «
c'eft-à-dire par nôtre mouvement vers «

» la bien en general ; (il falloit encore,
» par le principe ou la puissance de rece-
» voir ou de nous donner du mouvement
» vers le bien en general,) ou par nô-
» tre volonté secourue par la grace, c'est
» a-dire, éclairée par une lumiere, &
» poussée par une delectation prévenante.
» Car enfin si l'on prétend que vouloir
» differentes choses, c'est se donner diffe-
» rentes modifications, je demeure d'ac-
» cord qu'en ce sens l'esprit se mo-
» difie diversement par l'action que Dieu
» met en lui. (il faudroit, par la faculté
» d'agir que Dieu met en lui.)

Je ne prétends cependant point soûtenir
à la rigueur, que le P. Malebranche par
ces expressions ait voulu donner de l'a-
ction, ou la capacité de se modifier à sa
volonté, puis qu'il dit si positivement le
contraire en cinquante endroits; mais je me
contentei de l'assurer, qu'il ne sera jamais
reçû à nier clairement, que la volonté,
comme faculté produise des actes d'amour
& de haine, quand ces actions ne surpas-
sent point les forces de la nature ; & com-
ptant sur sa catholicité dont je ne veux jamais douter, mais qui seroit neanmoins in-
compatible avec le refus de reconnoître
la volonté active, je le prie de me faire
voir quelque difference entre son raison-

-nement ajusté aux actes de la volonté, &
le même sur les idées. Il est-impossible
d'y en trouver aucune qui fasse valoir
l'argument de la création impossible à la
creature.

Examen de la seconde Demonstration.

*Par laquelle le P. Malebranche fait
voir que ce n'est point l'esprit
qui produit ses idées.*

La Demonstration qui suit est plus
apparente que celle que nous venons
de réfuter. Quand on accorderoit à P. 194
l'esprit de l'homme, dit le Pere Malebranche, une souveraine puissance pour
aneantir & pour créer les idées des
choses ; avec tout cela il ne s'en servi-
roit jamais pour les produire. Car de
même qu'un Peintre quelque habi-
le qu'il soit, ne peut pas representer un animal qu'il n'aura jamais vû,
& duquel il n'aura aucune idée, de
sorte que ce tableau qu'on l'obligeroit
d'en faire, ne peut pas être semblable
à cet animal inconnu. Ainsi un homme
ne peut pas former l'idée d'un objet, s'il
ne le connoît auparavant, c'est-à-dire

» s'il n'en a déja l'idée , laquelle ne dé-
» pend point de ſa volonté. Que s'il en a
« déja une idée , il connoît cet objet ; &
» il lui eſt inutile d'en former une nou-
» velle ; il eſt donc inutile d'attribuer à
» l'eſprit de l'homme , la puiſſance de for-
» mer ſes idées.

Dans le reſte du Chapitre , ce Pere ne
fait que répondre à des objections fri-
voles qu'il ſe fait propoſer ; & par conſequent il ſuffira de diſcuter & de refuter
ce peu de lignes , le plus briévement que
nous le pourrons.

Il eſt important ſur-tout de remarquer ,
que le P. Malebranche veut faire voir
que l'eſprit ne produit point ſes idées , &
quoiqu'il commence ſon raiſonnement par
ces paroles : *Mais quand on accorderoit à
l'eſprit de l'homme une ſouveraine puiſſance , pour aneantir & pour créer les idées
des choſes ; avec tout cela il ne s'en ſervi-
roit jamais pour les produire.* Il a cependant toûjours la même choſe en vûë ,
parce qu'il revient veritablement au même de prouver, ou qu'il n'y aucune maniere dont une choſe puiſſe agir , ou que
cette choſe n'agit point.

Mais ſi en ſuppoſant que l'eſprit ſoit agiſ-
ſant , l'on peut fournir une ſeule maniere
dont il puiſſe ſe ſervir pour former ſes

idées, deslors la prétenduë demonstration
du P. Malebranche tombe d'elle-même ;
& il faut qu'il recommence tout de nouveau, à détruire la capacité d'agir de
l'esprit, pour nous attirer dans son parti.
Voici neanmoins cette maniere, si je ne
me trompe.

S'il n'est question, par exemple, que
de l'idée de quelque corps, il suffit que
l'ame apperçoive immediatement dans le
fond du cerveau, l'image materielle de
ce corps, de la même maniere à peu prés
que Dieu lui même apperçoit les corps
existans, & qu'elle comprenne les rapports de cette image corporelle, avec
les objets exterieurs, comme il faut chez
le P. Malebranche que ce même esprit
sache les rapports qui sont entre les idées
qu'il aperçoit dans Dieu & les corps existans ; & il aura deslors l'idée ou la perception du corps, qui aura excité, ou à l'occasion duquel aura été excitée l'image
corporelle dans le cerveau.

Le P. Malebranche m'arrêtera sans doute ici, & me dira que l'image qui est au
fond du cerveau, n'est point intelligible,
non plus que les autres corps. Mais je
lui demanderai, si Dieu ne les connoît
pas ? & s'il me répond que c'est dans son
essence qu'il les voit ; je m'informerai de

nouveau ; si c'est donc que Dieu ne voye pas les corps existans d'une autre maniere qu'il ne les voyoit avant qu'ils fussent créez : Et s'il veut repartir que c'est dans sa volonté que cet Etre souverain voit leur existence ; je finirai par lui faire remarquer , qu'il ne s'agit pas au fond de sçavoir où Dieu voit l'essence & l'existence des corps , mais de déterminer si Dieu voit tels corps existans. Et quoi que ce Pere puisse nous dire :

Il y a de la difference entre connoître, d'un côté que l'on veut qu'un corps existe, & qu'il est necessaire que ce corps existe dés qu'on le veut ; & voir de l'autre côté ce corps existant tel qu'il est en lui-même. Autrement Dieu seroit précisément affecté de la même maniere en appercevant un corps existant, & en voyant un Ange existant.

Mais cette comparaison de nôtre esprit avec la souveraine Intelligence de Dieu , nous conduit plus loin. Quand Dieu voit un corps, il est lui-même la cause efficiente de sa perception ; parce qu'il seroit ridicule d'admettre pour cause de cette perception, ou l'objet même , ou quelqu'autre chose que Dieu. Pourquoi donc nôtre esprit ne sera-t-il pas aussi cause de la perception qu'il aura d'un corps ? l'on ne peut dire, ni que les bornes de sa puissance l'empêchent de produire cette modification de lui-même, car nous en reviendrions à comparer en cela l'entendement avec la volonté ; ni que les corps n'ayent aucune proportion avec l'entendement pour en être connus, puisque l'on est obligé d'admettre cette proportion entre l'intelligence de Dieu & ces mêmes corps, quoi qu'elle ne vienne point de l'infinité de l'Intelligence divine. Et par conséquent quelque différence que l'on trouve entre Dieu & les hommes, elle ne démontre point que l'esprit ne puisse pas former les idées des corps.

Au contraire, il suffit de faire attention à la souveraine puissance de Dieu, pour se persuader qu'il peut donner à l'homme celle de produire des idées, si l'on n'y voit pas une repugnance manifeste, qui certainement ne s'y trouve pas.

Quel a donc été le motif qui a pû engager les nouveaux Philosophes à sortir du doute où l'on pourroit rester sur cette matiere, puisque toutes leurs raisons se détruisent si aisément, & que l'on étoit en possession depuis si long-temps de l'opinion contraire? c'est ce que l'on me dispensera d'examiner. Et je pourrois peut-être,

en voyant tout le monde, & l'Ecriture
même, parler autrement qu'eux, me ranger du parti qui leur est contraire; mais
comme ce n'est pas absolument de quoy
il s'agit, puisque l'on peut fort bien dire
que les idées nous viennent par les sens,
quand bien même Dieu seul en seroit la
cause efficiente; je parleray indifferemment de la maniere dont ils parlent, ou
de celle dont s'expriment leurs adversaires
dans la suite de ma Dissertation.

§ II.

*Que nous n'apportons avec nous
aucunes idées en naissant.*

Quoique le P. Malebranche paroisse
prouver dans le Chapitre quatriéme du
troisiéme Livre de la Recherche de la
Verité, la même proposition que j'avance
icy, il y a neanmoins encore en cela quelque difference entre luy & nous. Il attaque
ceux qui voudroient que toutes nos idées
fussent gravées dans nôtre esprit lorsque
nous naissons, au lieu que les Cartesiens
nos adversaires n'admettent que quelques
idées innées.

Sans nous servir donc de ses argumens
qui peuvent avoir toute leur force contre
ceux qu'il veut réfuter, voicy comme.

nous

nous croyons pouvoir faire voir en deux
mots que nous n'avons point d'idées em-
preintes dans l'esprit , lorsque nous rece-
vons l'estre.

Puisque toute idée est modification de
l'esprit , comme il resulte de ce que nous
avons dit dans le paragraphe precedent ,
& de ce que nous dirons dans la suite ,
sans qu'il soit necessaire pour cela , de
déterminer quelle est la cause efficiente de
cette modification; il nous semble qu'il n'y
a gueres de fondement a reconnoître des
idées innées.

Car , quand il n'y auroit point d'in-
convenient à dire que Dieu a gravé dans
le fond de nôtre ame une certaine quan-
tité d'idées , & que ces idées se peuvent
presenter à l'ame justement dans le besoin ; est-il vrai-semblable que des idées
toutes formées & toutes completes telles
que le seroient celles-là , 1º , demeu-
rassent absolument inconnuës à plus de
la moitié des hommes , quoique personne ne naisse sans elles ? 2º , qu'elles fussent des plus difficiles , pour ne
pas dire impossibles , à faire appercevoir à ceux que l'on prend le plus
de peine à instruire ? 3º , que l'on
ne pût se souvenir de les avoir euës ,
quand on y fait attention pour la pre-

miere fois ? 40 , Enfin qu'elles euffent affez d'analogie avec les impreffions des objets corporels pour en eftre , pour ainfi dire , extraites , comme nous le verrons dans la fuite.

C'eft certainement ce qui ne fçauroit fe comprendre ; car pour approfondir en peu de mots ces quatre difficultez principales ,

Et premierement pour ce qui concerne la premiere : Il eft de la nature de la penfée de fe faire fentir interieurement ; & il femble même par la définition qu'en donne Defcartes , que la penfée n'eft telle qu'autant qu'elle fe fait fentir de cette maniere. *Cogitationis nomine* , dit ce Philofophe , *intelligo illa omnia quæ nobis confciis in nobis fiunt , quatenus eorum in nobis confcientia eft.* En quoy s'accordent tous fes difciples , à l'exception du P. Malebranche.

Princip.
part. 1.
num. 9.

Comment donc reconnoiffent-ils une idée innée de Dieu, par exemple, dans tous les Sauvages , & dans tous ceux qui ne font pas initiez dans leur Philofophie , puifque toutes ces perfonnes ne fentent au fond de leur ame rien de femblable à ce qu'ils veulent y faire trouver ? N'eft-ce pas faire produire à Dieu dans l'ame des hommes des modifications tout à fait inutiles : & Dieu fait-il quelque chose inutilement ?

La seconde difficulté n'est pas moins importante. Si l'on peut ne pas appercevoir le moins du monde une idée innée lorsque l'on n'a personne pour nous la faire chercher, l'on doit au moins la découvrir quand cette personne est trouvée ; mais j'ose dire que l'on auroit beau avertir l'homme du monde le plus spirituel, mais qui néanmoins n'auroit jamais entendu parler d'idées innées, de perdre pour un moment de vûë, les objets des sens qui occupent toute la capacité de son ame, & de chercher dans cette ame même, s'il n'y trouveroit pas quelque idée qu'il eût apportée en naissant, & à laquelle il n'eût pas encore fait attention ; cet avis lui feroit entierement inutile, quelque effort qu'il fît pour se recüeillir ; & s'il venoit à remarquer qu'on voulût lui parler d'idées qui fuffent dans son esprit, indépendamment des sens, il nieroit peut-être absolument qu'il en eût de telles.

Il y a plus, ceux mêmes qui font en cela les plus Cartesiens, comme j'avouë que je l'ai été, le font plus par opinion, par prévention pour Monsieur

Deſcartes , ou par une raiſon mal en-
tenduë , que par conviction , ou par
ſentiment interieur.

Ils expliquent bien à la verité ce que
c'eſt qu'une idée innée , & ils ne diſent pas
moins nettement qu'ils en ont , parce
que la notion d'idée innée peut nous venir par les ſens , & que l'on ſe perſuade
quelquefois une choſe , quoi qu'elle n'en
ſoit pas plus veritable ; mais s'ils veulent faire un peu d'attention ſur eux-mêmes , je compte aſſez ſur leur probité,
pour aſſûrer qu'ils conviendront que jamais ils n'ont ſenti l'impreſſion d'aucune
idée innée, & qu'ils rendront temoignage à
la verité, quand ils verront dans la ſeconde
Partie de cette Diſſertation, de quelle maniere leur ſont venuës les idées qu'ils
avoient crû innées juſqu'à preſent.

La troiſiéme difficulté que je trouve
dans le ſyſteme des idées innées, ç'eſt que
perſonne , quand il y fait attention pour
la premiere fois , ne ſe ſouvient de les
avoir euës : cela cependant devroit être ;
car l'idée innée , de la maniere qu'on l'explique , doit , tant qu'elle n'eſt pas ré-
veillée , pour parler comme les Carte-
ſiens , reſider dans l'eſprit comme les
habitudes intellectuelles & les idées que
renferme la memoire y reſident. Ainſi

de même qu'en nous ſouvenant d'une choſe, nous nous ſouvenons auſſi de l'avoir
connuë autrefois, la découverte d'une
idée innée doit emporter avec elle le
ſouvenir de l'avoir euë avant que l'on y
fiſt attention.

Cela me donne occaſion de faire ſentir
que l'expedient des eſprits animaux & des
traces du cerveau dont les mêmes Philo-
ſophes ſe ſervent pour expliquer les plis
& replis de la memoire, eſt tout à fait in-
ſuffiſant pour leur deſſein. Car que le même mouvement s'excite dans le fond du
cerveau de dix ans en dix ans, ſi vous le
voulez, il s'enſuit bien que l'ame doit
recevoir la même impreſſion de dix ans
en dix ans, mais non pas qu'elle ſe ſou-
vienne d'avoir déja receu cette impreſſion,
ce qui eſt pourtant requis pour la memoire; c'eſt donc dans l'eſprit même que re-
ſide ce magazin admirable d'idées dont
parle S. Auguſtin dans ſes Confeſſions, &
non pas dans l'arrangement méchanique
des petites parties du cerveau.

Je ne dis icy que deux mots ſur la quatriéme difficulté, puiſque toute la ſeconde
partie de cette Diſſertation l'établit dans
toute ſa force; mais il me paroît incon-
teſtable, que ſi, par exemple, l'idée que
nous avons de Dieu nous étoit donnée

sans aucune participation des sens, en dévelopant tout ce que nous connoissons de cet Etre souverain, lorsque nous nous détachons des sens le plus qu'il nous est possible, nous ne devrions point rencontrer de ces attributs synonimes avec ceux des choses sensibles, & l'idée d'un objet purement spirituel, gravée dans un fond purement esprit, participeroit moins aux idées grossieres des corps.

Mais sur tout quelque effort que l'on fit pour arriver par les notions venuës des sens à celle qui seroit ainsi innée, l'on s'en éloigneroit plûtôt que l'on ne pourroit s'en approcher, comme j'espere neanmoins le faire d'une maniere assez naturelle dans la suite.

Je pourrois encore apporter quelques raisons contre les idées innées, mais il me semble qu'un plus grand nombre d'argumens seroit inutile, pour renverser un système qui n'est appuyé sur aucun fondement ; je reviens donc au Pere Malebranche, mais sur une nouvelle matiere.

§ III.

Que ce n'est point dans Dieu que nous voyons toutes choses.

Je ne prétends pas rapporter icy tout ce qui se peut dire contre les idées du P. Malebranche; on luy a déja fait tant d'objections, qu'un livre entier ne suffi- roit pas pour les retoucher toutes les unes aprés les autres. Ce que je me propose de faire, c'est d'en mettre au jour quelques-unes de nouvelles, ou du moins que je ne sçache pas luy avoir été proposées.

Ce seront sans doute deux défauts essen- tiels pour le systeme du Pere Malebranche, de faire passer pour nos idées ce qui ne peut jamais être regardé comme tel, & de ne pas reconnoître ce qui a veritable- ment cette qualité; ce sont cependant les deux extrémitez dans lesquelles donne ce Philosophe, comme nous allons le faire voir.

PREMIERE DIFFICULTÉ.

Les idées de Dieu ne nous representent point les objets.

Les idées de Dieu ne peuvent point

être appellées nos idées ; car les idées de
Dieu, quoy que d'une nature beaucoup
plus semblable à nôtre esprit que la subſ-
tance & la configuration des petites parties
de matiere, quoy que plus immediatement preſentes, ſi vous le voulez, à l'eſprit créé, en ſont neanmoins toûjours
tres-diſtinguées, & luy ſont veritablement étrangeres, & par conſequent elles
ne peuvent pas être ce que nous appellons ſes connoiſſances, ſes notions, ou
ſes idées, puiſque par ces noms differents
nous ne voulons rien exprimer que ce
qui appartient en propre à nôtre ame.

Le Pere Malebranche a donc abuſé de
la notion qu'il a d'abord donnée de l'idée.
*Par ce mot idée, dit-il, je n'entends icy
autre choſe que ce qui eſt l'objet immediat
ou le plus proche de l'eſprit quand il apperçoit quelque choſe.* Cela eût été bon
s'il eût entendu par cet objet immediat de
l'eſprit, quelque choſe que cette faculté
pût appeller ſien, & l'on auroit pour lors
paſſé à ce Philoſophe ſa définition ; mais
dés qu'il tranſporte cet objet immediat
de l'eſprit, ailleurs que dans la ſubſtan-
ce même de l'eſprit, l'on eſt ſi éloigné
d'adopter ſon ſentiment, que jamais les
Peripateticiens les plus purs dans les trai-
tez confus qu'ils ont donnez ſur les eſ-

Recherc
de la Ver.
l. 3 par. 2.
ch. 1.

peces, tant sensibles qu'intelligibles, n'ont appellé du nom d'idée de l'esprit, ce qui lui étoit exterieur.

En effet, quoi que nous prétendions que ce sont les images corporelles des objets materiels que l'esprit voit immediatement au fond du cerveau ; soit qu'il agisse sur elles par lui-même, ou que Dieu lui en imprime la sensation, nous ne disons pas pour cela que cette image materielle soit une idée, au contraire, nous le nions absolument, & nous nous contentons de donner ce nom à l'impression spirituelle qui est excitée à son occasion.

Ce qui a peut-être trompé le P. Malebranche, c'est que véritablement les Platoniciens ont reconnu des idées que l'esprit ne faisoit que considerer sans les produire, parce qu'elles étoient selon eux éternelles & improduites, & que l'on n'avoit garde par consequent de les considerer comme des modifications de l'esprit créé ; mais les Platoniciens ne disent pas que ces idées fussent les idées de nôtre esprit ; & s'il eût été question de sçavoir ce que l'on nommoit connoissances, notions, ou idées de l'entendement, ils n'eussent eu garde de donner sous ce nom des idées étrangeres à l'esprit.

B v

Le P. Malebranche n'avoit qu'à faire la
même chose ; il pouvoit établir une
question sur ces idées éternelles qui sont
hors de nôtre esprit , & examiner s'il y
en avoit. Nous serions convenus de l'e-
xistence des idées divines qui sont éternelles , &c. Mais dés qu'il prétend que
ces idées exterieures à l'entendement ,
sont tout ce qui est renfermé dans nos connoissances , avec une perception qui ne
represente aucunement les objets , lorsque l'on peut dire que nous connoissons,
que nous avons la notion ou l'idée d'un
objet ; c'est ce que je ne croi point que
l'on puisse lui accorder.

Seconde Difficulté.

Il y a dans nôtre esprit même des ima-
ges des objets.

Il faut donc reconnoître autre chose
que ces deux êtres , dont le P. Malebranche veut que nous nous contentions pour
la connoissance d'un objet , ou plûtôt
aprés avoir exclus les idées divines de
l'interieur & du fond des nôtres , il faut
rectifier la perception que ce Pere y renferme, en soûtenant qu'elle represente les
objets dans un sens tres-veritable , & y
joindre un terme de perception , comme

parlent les Scholaſtiques, qui n'eſt autre
choſe qu'une premiere perception qui demeure gravée dans l'eſprit.

Mais cela demande une attention par-
ticuliere , & par conſéquent il ne ſera
pas mal à propos d'en faire un article à
part , afin que ceux qui n'aiment pas les
matieres abſtraites, puiſſent paſſer à autre
choſe.

Et même pour ne pas revenir pluſieurs fois à la même choſe; parce que la
maniere dont on connoît les objets ſen-
ſibles, eſt préciſément la même matiere
que celle que nous traittons ici , nous
donnerons encore ce titre à l'explication
que nous allons faire.

La maniere dont on connoît les objets ſenſibles.

Premierement l'eſprit a par la ſenſation
une perception directe de l'image corporelle d'un objet, laquelle image eſt peinte
dans le fond du cerveau, & juſques-là il
n'y a qu'une idée formelle , & point d'i-
dée objective , quoique cette idée formelle repreſente veritablement l'image
materielle qui eſt ſon objet.

En ſecond lieu, ce même eſprit peut

considerer la perception même par laquelle
il a apperçû l'image corporelle de l'objet,
& se proposer cette perception comme
objet , & dans ce cas il y aura idée formelle , & idée objective , toutes deux
representatives.

Voici en deux mots la preuve de toute
cette doctrine.

Je dis donc premierement qu'il faut absolument reconnoître , que la perception
ou l'idée formelle est representative de
l'objet ; car comme cette perception est
l'unique modification qui revienne à l'a-
me dans le sentiment du P. Malebranche,
& que dans le nôtre c'est la base de toute
la connoissance que nous avons de l'objet,
en sorte que l'objective ne sera representative dans la suite , que parce qu'elle
l'a été entant que formelle : si cette perception n'étoit pas representative , nous
ne connoîtrions non plus ce qu'est un
objet , que si nous n'en avions aucune
perception ; nous sentirions cependant
au dedans de nous - mêmes une perception comme nous faisons , suivant le P.
Malebranche , dans la douleur; mais comme cette perception ne nous meneroit
point à sa source , & qu'elle ne renfer-
meroit rien qui fut semblable à son objet,
nous serions avec elle dans le même état,

qu'un homme qui environné de lumiere & d'objets visibles, fermeroit si exactement les paupieres, que nul raïon de lumiere ne pût passer au travers des humeurs de ses yeux, c'est-à-dire, que la lumiere des idées divines ne nous affecteroit non plus, ou du moins ne nous feroit non plus connoître ce dont elle porteroit pour ainsi dire l'image avec elle, que la foible impression que pourroit avoir un homme, les yeux fermez, de la presence de la lumiere, ne lui presente les images que les raïons de lumiere imprimeroient dans le fond de son cerveau, s'il avoit les yeux ouverts.

Et il est inutile de dire que les idées divines sont parfaitement intelligibles, car cela prouve seulement que l'on peut s'en former l'idée, mais non pas qu'elles tiennent lieu de toutes les idées dont l'esprit peut-être modifié, ou que l'esprit ne puisse être modifié d'aucunes idées, puisque si cela étoit, on ne les connoîtroit elles-mêmes, que par le sentiment confus qu'elles exciteroient dans l'esprit, en se presentant à lui. Voilà pour les perceptions directes & immediates des corps.

J'ai avancé en second lieu que nos connoissances renfermoient encore (sçavoir

quand elles font refléchies) une feconde
modification ; parce que la premiere dont
nous venons de parler , demeurant au
moins quelque tems dans l'efprit , aprés
avoir eu dans fa naiffance l'image corporelle gravée dans le cerveau , pour
objet, elle devient elle-même l'objet d'u-
ne nouvelle perception formelle, qui n'eft
plus perception que d'une modification
fpirituelle ; c'eft-à-dire que nous com-
mençons à confiderer nôtre idée ou nôtre
connoiffance même ; c'eft ce qu'il eût
fuffi de prouver , pour renverfer abfolu-
ment le fyftême des idées divines huma-
nifées.

Pour commencer donc la preuve de cette
verité , 1°, Elle fuit neceffairement de ce
que tout le monde reconnoît la neceffité
d'un objet immédiat de nos connoiffances,
pourvû que ni ce qui eft corporel , ni les
idées de Dieu , ne puiffent dans les connoiffances refléchies , être cet objet immediat. Ainfi comme il n'eft pas difficile
d'établir ces deux dernieres propofitions,
la premiere ne fera plus d'embarras. Premierement les images corporelles , ni à
plus forte raifon les corps , ne fçauroient
être cet objet immediat , parce que la
confideration de ces images feroit une
connoiffance de ce qu'elles reprefente-

roïent, & non pas de ce qu'elles auroient déja reprefenté ; ou, pour parler plus clairement, parce que l'efprit en les confiderant de nouveau une feconde fois, ne fçauroit point par cela feul s'il les auróit déja confiderées auparavant ; ce qui eft néanmoins requis pour la connoiffance reflechie, qui eft la même chofe que la memoire. En fecond lieu, les idées divines ne fçauroient non plus être cet objet immediat de nos connoiffances, parce que fi, comme le veut le P. Malebranche, la perception par laquelle on les connoît, n'eft point reprefentative, c'eft comme fi nous ne voyions rien, comme nous l'avons prouvé cy-deffus, ou fi elle eft reprefentative, il eft inutile d'admettre autre chofe qu'une idée femblable à elle, pour luy fervir d'objet ; mais cette idée femblable eft neceffaire, parce que l'objet corporel n'eft plus ni prefent ni fuffifant pour la reflexion ou l'idée refléchie.

2°. S'il nous étoit permis de prendre pour comparaifon une chofe infiniment relevée, & que nous ne nous flattons pas de comprendre, mais que la foy nous enfeigne : Le Pere Celefte dans la Trinité n'a-t-il pas pour terme de fa connoiffance formel le Verbe Divin, qui eft la connoiffance objective de l'entendement du

Pere, & si l'on ne peut douter de cette
verité, que les Theologiens comparent si
souvent avec celle que nous voulons établir ; pourquoi nier sans raison evidente
que nôtre entendement ait un objet de
la connoissance qui soit émané de luy-
même, pour donner peut-être par-la occasion de nier la même chose dans la Trinité. Je n'aurois pas employé cette raison
si le P. Malebranche ne nous avoit mis sur
le Verbe.

3°. Enfin la maniere nette dont nous ex-
pliquerons l'œconomie des idées dans ce
sentiment, satisfera si pleinement, à ce
que j'espere, ceux à qui la vûë de toutes
choses dans Dieu ne paroîtroit pas encore
bien détruite, ni nôtre sisteme bien éta-
bli, que je ne crois pas devoir répondre plus au long aux objections que le
P. Malebranche a proposées contre nôtre
sentiment moins expliqué, tant dans sa
recherche, que dans ses éclaircissemens,
ni examiner les passages de l'Ecriture &
de S. Augustin, dont il veut appuïer ses
idées, quoi qu'il soit tout à fait aisé de
faire voir qu'ils ne prouvent rien de ce
qu'il prétend mais que quelques-uns de
S. Augustin seulement prouvent tout au
plus que Dieu est cause efficiente de nos
idées.

Je passe donc à la seconde Partie de la Dissertation, qui a donné occasion à tout ce qui vient de preceder.

SECONDE PARTIE.

§. I.

Que les idées des objets negatifs nous viennent par les sens.

NOstre entendement ne peut s'occuper que de deux sortes d'objets, qui sont le positif & le negatif, ou autrement l'être & le non être.

L'on convient assez qu'il peut appercevoir les êtres positifs, & il n'y a de difficulté sur ces êtres, qu'à sçavoir si c'est des sens que nous vient la connoissance de ceux d'entr'eux qui sont insensibles, soit qu'ils soient spirituels comme Dieu & les autres intelligences, soit qu'ils soient materiels comme les plus petites parties des corps, ce que nous examinerons dans la suite.

Mais l'on n'est pas également convaincu que les idées des negations soient quelque chose de réel; ni que ces idées puissent venir à l'esprit par les organes du corps; c'est ce que je me propose d'établir icy pour m'en servir dans la suite.

Le P. Malebranche dit dans ses Entretiens Metaphysiques, que penser à rien, c'est ne penser à rien, ou ne point penser. Premier Entret. num. 4. *Si le cercle que j'apperçois, dit-il, n'é-toit rien* (il entend rien hors de l'esprit) *en y pensant je ne penserois à rien* ; & il passe sans façon sur cette proposition, pour continuer une démonstration dont elle fait partie. Mais il me semble qu'il auroit dû sentir comme moy la difference qu'il y a en bonne Philosophie entre *penser à rien*, qui à la verité n'est pas une expression fort ordinaire, & *ne penser à rien*, qui est une phrase plus usitée, & qui revient assez à *ne point penser*.

Je crois donc pouvoir dire, sans crainte de me tromper, que l'on peut tres-réellement penser au néant. C'est ainsi que les Philosophes supposent que Dieu & les autres êtres n'existent point, pour dé-couvrir ce qui s'en suivroit, disent-ils, par impossible, & ce n'est peut-être pas la moins heureuse supposition qu'ils fas-sent, pour prouver la necessité d'existence de l'Etre suprême.

C'est ainsi que les damnez se represen-tent sans doute leur anéantissement, puis qu'ils le souhaitent, & qu'il est impossi-ble de souhaiter ce que l'on ne connoît pas. C'est ainsi que nous concevons les ténebres comme une simple absence de lumiere ; le silence, comme une cessation de la parole ou du bruit, l'ignorance, comme un défaut de sçavoir, &c.

Il seroit ridicule d'apporter un plus grand nombre d'exemples, pour montrer une chose aussi incontestable que celle-là, & j'avoüe que je ne sçay pas comment on pourroit disconvenir d'une verité aussi évidente.

Aussi n'est-ce pas ce qui doit faire la difficulté de ce paragraphe. Mais autant qu'il paroît indubitable que nôtre esprit s'arrête quelquefois à contempler le néant, autant il paroît embarassant de montrer que c'est aux sens qu'il doit cette prétenduë découverte. Voicy comme je crois pouvoir établir cette verité.

Nos sens ont deux manieres de s'instruire aussi-bien que l'entendement. Ils sont frappez des impressions que font sur eux les objets dont ils sont environnez ; c'est ce que l'on nous permettra d'appeller leur methode d'invention ou d'experience. Et outre cela, ils puisent dans les livres & dans le discours ordinaire des hommes, de quoy augmenter les lumieres qu'ils transmettent à l'entendement ; c'est ce que l'on peut nommer leur methode de doc-

trine ou de créance. La seconde suppose
la premiere, & l'on comprend fort bien
qu'il seroit impossible à l'entendement de
connoître aucune chose par la conversa-
tion ni par la lecture, si jamais il n'avoit
eu aucune sensation des objets dont les livres ou les hommes luy parlent ; mais la
premiere ne seroit presque rien sans la seconde, puisque les sens se perdroient dans
le trop grand nombre de sensations, si
l'experience des autres hommes ne leur
avoit fraïé le chemin qu'ils doivent suivre
pour ne se point égarer.

La methode d'invention jette les fon-
demens ; celle de doctrine met le comble
& la perfection. Faisons suivre à nos idées
de négations celle de ces deux routes
qu'il nous plaira, ou plûtôt faisons-les
passer par toutes les deux, suivant l'ordre que nous venons de marquer, les
sens en seront toûjours le principe & la
source, & il seroit impossible d'en trouver une autre.

Prem.
methode
Voicy donc ce que les sens apperçoivent directement & par leur propre experience des objets que nous appellons negatifs. Un enfant en qui nous pouvons
considerer la naissance des idées que nous
cherchons, puisque c'est à cet âge que
l'on commence à en avoir. Un enfant,

dis-je , encore enfermé dans le sein de sa
mere, reçoit en aveugle , je l'avouë, les
impreffions du plaifir & de la douleur qui
peuvent luy venir de la bonne ou mau-
vaife conftitution de fa machine ; mais ces
impreffions n'en font pas moins vives ni
moins veritablement fenfibles (à prendre
même ce terme dans fa fignification naturelle, c'eft-à-dire pour quelque chofe
qui affecte l'efprit dépendamment du
corps) & cela fuffit pour que leur abfence
le foit auffi dans le même fens. Je n'ap-
puïe cependant pas fur ce principe que
l'on voudroit peut-être me contefter , mais
nos conjectures fe fortifieront avec l'enfant, lors donc qu'il a commencé à voir
par luy-même la lumiere, qu'il ne voit
gueres, à ce que je crois, par les yeux de
la mere, quoi qu'en dife le P. Malebran- Recherc.
che, ou pour parler fans équivoque , de la Ver.
lors qu'il eft forti du fein de fa mere.   L2. c. 7.

Nous le voyons prendre avidement
le laict qu'elle luy prefente , & marquer
une efpece de fatisfaction , fi par exemple
un feu moderé diffipe la froideur de l'air
qui l'environne, & qu'il refpire ; & par-là,
fans doute, il fait affez connoître qu'il
eft fenfible au plaifir.

Mais s'il verfe prefque continuellement
des larmes, & fi par fes cris perçants il

attendrit tous ceux qui l'entendent, est-ce toûjours la douleur qui luy en donne sujet? j'ose dire que de petites volontez & de petits caprices y ont déja quelque part, & voicy vray-semblablement ce qui les fait naître,

Il est content quand il sent du plaisir, mais ce plaisir ne peut pas être continuel; il se déplaît, avec raison, quand il sent de la douleur, mais cette douleur luy donne ordinairement quelque relâche, & il se trouve du vuide entre ces deux grandes occupations de presque tout son être. Que fait-il donc dans ces momens, & quelquefois dans ces heures d'intervalle? il rappelle le souvenir des sensations agréables qu'il a euës, & la privation de ce qu'il regarde comme son unique bien, parce que c'est le seul qu'il connoisse, le met dans un état d'ennui, l'attriste, & luy fait pousser ces cris importuns qui fatiguent & impatientent si souvent sa nourrice.

Je ne vois pas que l'on puisse m'arrêter sur cette supposition, à moins que l'on ne prétende que tous les enfans qui donnent tant de peine dans le berceau, ne font souffrir les personnes qui prennent soin d'eux, qu'à mesure qu'ils souffrent eux-mêmes; mais ce seroit, si je ne me trompe, admettre trop d'uniformité dans un âge dont l'inconstance & la legereté semblent être l'unique partage.

En effet, quelle difference y auroit-il aprés cela dans cet état, entre les hommes & les autres animaux ? tous ensemble ne seroient à charge à ceux qui leur ont donné l'être, qu'à proportion de leurs besoins ; & par consequent, comme le Roy des animaux dans son enfance est beaucoup plus incommode que tous les autres, il ne seroit distingué d'eux qu'en ce qu'il auroit plus d'indigence ? Il faut, ce me semble, que sa prééminence luy soit plus honorable, & que pour cela son esprit luy soit de quelque usage. Le peché originel, je l'avouë, l'a humilié dans l'ordre même de la nature, mais il ne l'a point dégradé, & n'en sera-ce pas une punition temporelle assez sensible pour lui, qu'il soit à lui-même son propre bourreau, & que dans le tems qu'il n'a pas de besoins marquez, il se tourmente par des desirs de biens qui ne lui sont point necessaires, & dont il ne peut joüir aussi constamment qu'il le souhaiteroit ?

L'on ne sçauroit donc raisonnablement disconvenir, qu'un enfant dés le premier jour de sa naissance, ne commence à s'appercevoir de l'absence des sensations qui lui font plaisir ; & si l'on prend la peine de le conduire jusqu'à l'âge où l'on croit qu'il commence à faire usage de sa raison, parce que c'est alors qu'il en donne des marques qui ne permettent plus d'en douter, quoi qu'au fond il agisse par raison dés qu'il est né ; si l'on s'examine encore soi-même dans un âge parfait, l'on découvrira tant de millions de perceptions de cette nature, qu'elles doivent absolument être comptées pour quelque chose.

Et que l'on ne m'aille pas dire que ce n'est point par les sens que viennent les perceptions des négations : car c'est assurément par les yeux que l'on voit qu'une personne a quitté une place, que le Soleil est couché, qu'une éclair ne dure plus, qu'il ne paroît point d'étoiles en plein jour, qu'il n'y a point de lumiere pendant une nuit obsure. Et c'est encore uniquement à cause de la liaison étroite qui est entre l'ame & le corps, & par conséquent dans un sens tres-veritable, par le corps, que l'ame apperçoit l'absence d'une impression de plaisir qu'elle cherche dans cette machine sans l'y rencontrer.

Mais tout au moins les négations sont connuës par les organes du corps, dans le sens que l'on n'en eût jamais eu aucune idée,

idée, si l'on n'eût pas apperçû par les
sens, les objets positifs, qui excitent in-
directement ces idées, suivant le principe incontestable, qui assure que le positif doit être connu avant le negatif ; &
cela seul suffiroit, quand ce qui précede
ne seroit pas aussi évident qu'il le doit être
à toute personne raisonnable.

Voici seulement une difficulté que l'on
me peut faire, sur ce que j'ai parlé des
impressions que nous n'avons que par sentiment interieur, & que j'en ai parlé même preferablement aux idées proprement
dites. Ne dois-je pas sçavoir, me dira-t-
on, que dans la nouvelle Philosophie nous
n'avons point d'idée du plaisir ni de la
douleur ? comment donc fonder là-dessus
tout l'édifice de nos idées ?

J'accorde bien à tous ceux qui adopte-
ront cette objection, que les sentimens de
plaisir & de douleur ne sont pas des idées,
dans le sens qu'ils representent l'objet materiel qui les a fait naître, ils ne sont point
des idées formelles representatives de
quelque image corporelle ; mais comme
l'ame peut faire attention à sa douleur,
elle se represente pour lors, cette douleur,
sans aucune image qui ressemble aux corps,
& dans cette vûë reflechie qu'a l'ame
de sa douleur ou de son plaisir, il y

C

a idée objective & idée formelle comme
dans les connoiſſances reſlechies que l'on
peut avoir des corps.

J'ai donc pû parler indifferemment des
impreſſions du plaiſir & de la douleur, ou
des ſenſations des objets exterieurs &
groſſiers, pour inſinuer que leur abſence
s'apperçoit tres-clairement par les organes
du corps ; mais j'ai preferé les premieres,
parce que l'on en eſt touché beaucoup plus
vivement. Paſſons à la ſeconde methode
des ſens ; outre les avantages qui lui ſont
propres, elle donnera encore du jour à la
premiere.

Seconde
methode   La parole eſt ſans doute le moyen le plus
efficace que l'on puiſſe employer pour exprimer les penſées ; mais comme la ſigni-
fication des mots eſt arbitraire, & demande naturellement la convention reci-
proque de ceux qui ſe parlent, l'on a quelque peine à comprendre comment un enfant, qui n'a aucune part à l'inſtitution de
ce ſigne, peut recevoir par ſon moyen
les impreſſions que l'on ſe propoſe de faire
ſur ſon eſprit.

En effet, quel rapport y a-t-il entre les
mouvemens de la langue, & les idées
que l'on veut exciter par-là dans l'ame
d'un jeune enfant ? & s'il n'y a pas de rapport, comment veut-on que par ce qui

paroît, il devine ce qui ne paroît aucunement. Voilà sans doute une veritable difficulté, mais qui se peut surmonter, en
faisant attention à ce qui accompagne la
parole.

Quand un enfant commence à entendre
parler, il est déja pourvû, comme nous
venons de le remarquer, des idées expe-
rimentales de beaucoup d'êtres positifs,
& de presqu'autant d'idées des négations
de ces mêmes êtres ; & il n'employe pas
seulement ses oreilles pour comprendre ce
que l'on veut lui dire, mais il fait encore
usage pour cela de ses yeux, & de tous
ses autres sens s'il en est besoin.

D'un autre côté l'on ne se contente pas
de lui parler, mais on affecte de le faire
dans le même temps, que ce que l'on
veut lui faire connoître se presente devant
les yeux, ou les autres sens, & l'on mon-
tre même souvent cet objet au doigt, pour
conduire en quelque-façon la vûë de l'enfant, & appliquer son esprit à ce dont on
prononce le nom.

Muni de tous ces secours, non seulement il comprend, à force d'entendre
prononcer plusieurs fois le même mot à
l'occasion des mêmes choses, que ce sont
ces choses mêmes que l'on appelle de tel
nom ; mais il va jusqu'à découvrir de

quel figne l'on fe fert pour marquer l'abfence de ces mêmes êtres, quand on l'a fou-
vent employé à cette intention.

Il eft vrai qu'il ne fe forme pas d'idées
fenfibles de ces objets negatifs, & qu'au
contraire il fe figure diftinctement ce
qu'on veut lui dire, quand on lui parle
d'êtres pofitifs ; mais cela n'empêche pas
qu'il ne conçoive clairement la difference
des deux fignes dont on fe fert, pour lui
marquer d'un côté l'exiftence ou la pre-
fence d'une chofe, & de l'autre l'abfence
ou l'inexiftence de quelqu'autre chofe :
c'eft-à-dire, qu'il commence à fentir la
force du jugement affirmatif & du négatif, & qu'il puife dans les fignes que l'on
affecte de lui faire à propos, les idées de
l'affirmation & de la négation. Ce qui peut
fuffire dans la fuite, pour lui faire entendre d'une premiere fois des millions de
chofes, qu'il eût été fans cela une infinité
d'années fans comprendre.

La lecture ne fait qu'affermir & perfec-
tionner ce que la converfation avoit
commencé ; ainfi nous nous conten-
terons de ce que nous venons de dire,
pour montrer, & que nous avons des idées
de négations, & que ces idées nous viennent par les fens.

Voyons prefentement comment nous

viennent les idées des objets materiels
infenfibles, d'où il fera facile de paſſer
aux objets infenfibles & immateriels, qui
font toute la difficulté de cette matiere.

§ II.

Comment nous viennent par les fens
les idées des objets materiels
infenfibles.

L'on pourroit ranger parmi les objets
materiels infenfibles toutes les chofes materielles même palpables, mais paſſées,
futures, ou trop éloignées de nous pour
toucher nos fens, lefquelles nous ne con-
noiſſons certainement que par le moyen
de ceux qui nous en parlent. Mais il eſt
trop vifible que la connoiſſance experi-
mentale que nous avons du temps & de
l'étenduë, nous conduit à imaginer ces
chofes comme on nous les reprefente, par
la comparaifon que nous en faſſons avec
ce qui nous frappe les fens, & qui porte le
même nom; & par confequent nous ne
nous y arrêterons pas plus long-temps.

Nous ne parlons donc ici que des objets materiels veritablement infenfibles,
& qui ne fouffrent point de comparaifon
évidente avec les chofes vifibles &
palpables. Mais établiſſons quelques

principes pour y venir.

Il n'a point été difficile de remarquer dans ce que nous avons dit juſqu'à preſent, qu'outre les idées ſingulieres que l'on ſe forme d'abord de chaque choſe, la reſſemblance de pluſieurs de ces choſes entr'elles, des impreſſions qu'elles font ſur nous, & des noms qu'on leur attribuë, engage inſenſiblement à détacher de chacune en particulier la notion que l'on en a, & à forger une idée generale qui convient à tout ce qui l'a fait naître. Je m'explique ſur un exemple familier. Une dragée que l'on aura laiſſé goûter à un enfant, & à laquelle on aura donné le nom de *bon bon,* un morceau de biſcuit que l'on aura appellé de la même maniere, en le lui faiſant manger, auſſi bien que telle autre friandiſe qu'il vous plaira, aura fait conſiderer à cet enfant tout ce qui étoit à peu prés de ce goût, ſous l'idée de ſaveur agreable ; & dés qu'il pourra parler, ſi l'on ne l'inſtruit mieux, il donnera à tout ce qui excitera en lui cette ſaveur, le nom puerile de *bon bon.*

Il n'y a point d'enfant de deux ans qui n'ait étudié juſques-là, parceque les choſes qui lui flattent le goût, l'appliquent ſans aucune réſiſtance de ſa part. L'idée

de méchant, sous laquelle il regardera
non seulement toutes les choses, mais
même toutes les personnes qui lui feront
quelque peine, ne sera pas encore la der-
nière à lui venir, comme toutes les autres qui l'interessent considerablement.
Celles dont nous allons parler lui arrivent
un peu plus tard.

Quand il en est venu au point de faire
même attention aux choses indifferentes,
il remarque aisément, par exemple, que
l'on appelle du nom de corps, tout ce
qui se presente sous les sens; d'où il est
aisé de comprendre, suivant ce que nous
avons dit, comment il se forme l'idée generale de corps.

Mais n'est-il pas bien étonné, lors
qu'aprés avoir entendu appeller constamment corps, tout ce qui se voit & ce
qui se touche, & connoissant d'ailleurs
la force du jugement affirmatif, il entend dire, par exemple, l'air est un corps;
comme il sçait d'ailleurs que par le mot
air, on entend ce qui est contenu depuis le Ciel jusques à la surface de la
terre & de l'eau, l'on en est quitte à bon
marché, s'il ne soûtient pas que cet air
n'est rien, & il ne faut pas moins que
toute l'autorité d'une personne éclairée,
& en qui il ait de la confiance, pour le

convaincre de la verité d'une propofition qu'il trouve contraire à toutes fes lumie-res ; jufques-là même qu'il n'eft pas ex-traordinaire de trouver des perfonnes âgées, qui donnent encore dans le pue-rile fur une chofe aufli évidente , & qui regardent comme un grand vuide , tout l'efpace qui eft contenu entre le Ciel & nous. Celui , par exemple , à qui Lucrece prouvoit fi au long la realité d'une matiere invifible , auroit-il eu be-foin d'un fi long difcours , fi lui , ou du moins ceux à qui il parloit en fa per-fonne , n'avoient pas été dans un préjugé oppofé.

Ce n'eft donc que par le témoignage des autres hommes , que nous fommes délivrez de nôtre ignorance fur de fem-blables matieres ; & ce font là de ces connoiffances que nous tenons de la con-verfation , & que nous avons appellées actes de créance , ou de foi humaine.

Mais il ne fuffit pas de fçavoir que nous les avons, il faut déterminer plus préci-fément comment nous les avons. Exami-nons donc la chofe de plus prés , & ne nous en tenons pas à ce que nous avons dit , qu'un enfant fçavoit d'ailleurs que par ce mot *air*, il falloit entendre l'efpace qui eft contenu depuis le Ciel jufques à

nous , de peur de paroître cacher là-
deſſous , quelque choſe que nous ne puſ-
ſions pas expliquer. Je dis donc que par
les ſignes differens dont on ſe ſert , pour
faire entendre les noms que l'on donne
aux corps , l'on a rendu intelligible à cet
enfant les mots de Ciel & de terre , &
que l'on a outre cela trouvé tres-aiſé-
ment le moyen de lui faire comprendre ,
ſoit par comparaiſon ou autrement , ce
que c'étoit que d'être renfermé entre
deux choſes ; d'où l'on eſt venu à donner
le nom d'air , à ce qui eſt contenu entre
le Ciel & la terre.

Et il ne faut pas croire , pour nous en
faire une difficulté ; qu'un enfant conçoive cet eſpace à la Carteſienne , comme
un veritable corps ; car rien au contraire
ne lui fait plus de peine , que d'y reconnoître même un corps qui ſoit de l'air.

Je conviens néanmoins que cette erreur
univerſelle de l'enfance , vient plûtôt d'un
deffaut d'attention , que de la difficulté
qu'il y auroit à ſe convaincre par ſa propre experience , de la corporéité de l'air ;
mais je parle des notions qu'acquierent
les hommes tels qu'ils ſont , & non pas
de celles qu'auroient de nouveau des hommes tels qu'ils devroient être.

Je crois qu'il n'y a plus perſonne qui

n'entende comment cette proposition, l'air
est un corps, devient peu à peu tres-in-
telligible à un enfant, & je ne sçache
pas qu'il y ait plus de difficulté sur toutes
les autres parties insensibles de la matiere, non plus qu'à se représenter leurs
figures en cas de besoin, parce qu'elles
sont en petit, ce que les figures sensibles des corps sont en gros. Je n'en rap-
porterai donc point d'autres exemples,
qui ne feroient qu'ennuïer, & j'en viens
enfin aux objets purement spirituels & intelligibles, qui sont à proprement parler,
l'unique but de cette Dissertation.

§. III.

Comment les idées des objets purement spirituels, nous viennent par les sens.

Pour reprendre la route que nous venons de suivre dans le precedent paragraphe ; Nous ne nous formons pas seulement des idées generales des corps sur
les impressions semblables qu'ils excitent
en nous ; mais considerant encore leurs
qualitez, comme quelque chose de particulier, & remarquant les mêmes en differens corps, la notion universelle sous la-

quelle nous nous les representons, ne nous
sert pas moins, quand nous en sçavons le
nom, à nous figurer toutes les autres
qualitez de même espece dont on nous
parle, que la notion generale du corps
nous a aidé à connoître la nature des parties de matiere qui ne tombent point sous
les sens.

L'existence, par exemple, est une
qualité singuliere & individuelle dans
chaque chose qui existe ; mais il y a trop
de rapport & de ressemblance entre toutes ces existences particulieres, pour n'en
pas former une idée générale. On la forme donc naturellement, & l'on ne
l'a pas plûtôt formée, ou par sa propre experience, ou en voyant appeller du
même nom toutes les existences particulieres, qu'aussi-tôt on a sans peine entendu ce que vouloit dire, *telle chose*
est un être, a son existence, ou existe,
pourvû que cette chose fût connuë, c'est-
à-dire, que ni le mot d'existence, ni celui d'existant ou d'être, ne sçauroit plus
se prononcer, que leurs idées ne soient aussi-
tôt presentes à l'esprit de celui à qui on en
parle.

C'est par le même moyen que nous
avons l'idée, & que nous arrivons à entendre le nom de *chose,* qui répond là

plus souvent à la substance des Philosophes , mais qui s'applique aussi à toutes
les qualitez considerées en elles-mêmes ,
puisque nous disons fort bien ; *la lu-*
miere est quelque chose de merveilleux ,
la beauté quelque chose de fragile , la
vertu quelque chose d'aimable , &c.
Néanmoins comme il y a une tres-gran-
de difference entre la maniere dont on
attribuë ce nom aux choses proprement
dites , & celle dont on l'applique aux
qualitez considerées indépendamment de
leurs sujets , puisque l'on ne dit jamais,
par exemple, l'existence est une chose,
la blancheur est une chose , mais seulement, la blancheur & l'existence sont quelque chose, au lieu que l'on dit de chaque
sujet qui reçoit ces qualitez , que c'est
une chose ; *la muraille est une chose ,*
&c. Je renvoye encore cette idée au paragraphe que nous venons de finir, pour
ne parler ici que des idées des qualitez.
L'on y pourra faire précisément le même raisonnement sur le mot & l'intelligence de *chose* , que nous avons fait sur
le mot & l'intelligence de *corps* , en sub-
stituant le mot de chose à celui de corps
par-tout où ce dernier se trouve ; & cela
marquera en même temps, combien il
nous eût été facile d'appliquer sur plu-

fieurs exemples , ce que nous avions dit
du corps , & que par conféquent nous
n'avons été courts dans ce Paragraphe ,
que pour ne pas faire nous-mêmes , ce
qu'un chacun pourra faire en particulier.

La raifon de fini & de borné que nous
voudrions bien pouvoir appeller *finitude* ,
ne s'apperçoit pas moins fenfiblement ,
& ne fe reprefente pas moins fous une idée
generale que l'exiftence , quand on remarque des bornes dans tous les corps
dont on eft environné ; car on détache
cette qualité de tous les corps finguliers ,
pour la confiderer à part , & c'eft cette
abftraction qui rend une idée univer-
felle.

La materialité , la dépendance d'une
caufe efficiente , & toutes les autres qualitez des corps , fe connoiffent précifé-
ment de la même maniere, & font fujettes
aux mêmes conditions ; & par conféquent
il feroit inutile d'entrer fur cela dans un
plus grand détail ; mais voici ce que j'in-
fere de ces remarques , pour montrer enfin que les idées de Dieu , des Anges , de
l'honnêteté , de la vérité , de la juftice , &
de toutes les autres qualitez que l'on a
coûtume d'appeller infenfibles , ne nous en
viennent pas moins des fens.

Puifque nous avons des idées diftinc-
tes , tant generales que particulieres,
de chaque qualité que les fens nous font
appercevoir dans les corps, l'on n'aura
pas de peine a m'accorder que l'on peut
entendre ce que veut dire un homme qui
niera quelqu'une de ces qualitez , de
quelque chofe que ce foit. L'on m'a
deja fait un aveu femblable, lorfque j'ai
traité exprés de la connoiffance des objets negatifs. Quand on dira donc que
Dieu eft un Etre qui n'a point de bornes,
qui n'eft point fini, qui n'a été fait par aucune autre caufe, je ne crois pas que l'on
puiffe rien trouver là-dedans , qui ne s'entende par celui qui aura les notions dont
nous venons de parler, quoique toutes
lui foient venuës par les fens.

Mais eft-ce donc, me dira-t-on, que
l'efprit met de la reffemblance entre
Dieu & les chofes fenfibles, ou n'a-t-il
qu'une idée creufe & négative de Dieu ,
comme il femble que cela doit être , fi
ce n'eft qu'en niant de cet Etre infiniment
parfait, tout ce que les fens découvrent
dans la matiere , que nous nous formons
de lui une idée ?

Je répons que ce n'eft ni l'un , ni l'autre ; mais que l'efprit ayant une fois
formé des idées generales , tant des

choses materielles, que de leurs qualitez, & sentant outre cela toute la force
du jugement négatif, il se tourne &
ajoûte foi aux personnes d'authorité, qui
disent qu'il y a une chose appellée Dieu,
qui n'est point finie, qui n'est point sensible, qui n'est point produite, qui n'a
point de bornes, &c.

Il est vrai que l'idée de *chose* ou *d'être*
lui paroîtroit répugner avec *insensible,
immateriel,* &c. s'il ne s'en rapportoit
qu'à ce que l'experience directe des sens
lui fait connoître ; mais la confiance
qu'il a dans les paroles de ceux qui lui
font ces propositions : *Dieu est une chose
insensible, immaterielle, infinie, incréée,*
&c. lui tient lieu de certitude experimen-
tale ; & dés qu'il remarque constamment
que la même persuasion est dans tous
ceux à qui il parle, il ne lui vient pas
même dans l'esprit de douter d'une verité
sur laquelle il ne fait néanmoins que former un acte de Foi, soit divine, soit
humaine, suivant ces paroles de saint
Paul : *Credere oportet accedentem ad* Hebr. 11.
Deum quia est. v. 6.

Sur ce pied l'esprit ne conçoit rien
de materiel, rien de fini, &c. dans la
Divinité, parce qu'il en voit éloigner
tout cela par le jugement negatif qu'il

en entend faire ; mais il conçoit cependant plusieurs perfections tres-réelles, & une substance tres-positive, parce qu'il consent à attribuer à Dieu des notions qui ne sçauroient convenir au néant.

Il ne faut pas croire même qu'il ne répande sur Dieu que la realité qu'il a reconnuë dans les êtres sensibles, il suffit qu'il ait entendu assurer clairement, que Dieu, quoique purement insensible & immateriel, a plus de veritable *entité*, que toutes les choses créées ; qu'il est la source inépuisable d'où est émané tout ce que les créatures peuvent renfermer de bon, & qu'il y a contradiction à reconnoître des bornes dans la substance & dans les perfections de Dieu : le voilà aussi-tôt tout rempli & tout occupé de l'idée de Dieu, & quoiqu'elle ne renferme rien de materiel, & qu'elle ne se presente sous aucune image, il est impossible à qui que ce soit de la regarder comme rien, quand bien même l'on seroit assez extravagant pour douter de l'existence de son objet.

L'on voit donc aisément, que des notions universelles que l'on s'est formées, & de la séparation qui se fait par le jugement négatif, de ce qui ne leur convient point, il en resulte bien naturellement une idée de l Etre infini , increé , &c.

Mais cette idée n'est pas la seule qui nous vienne de cette maniere ; c'est encore pré-cisément par le même moyen que nous nous trouvons revêtus de toutes les au-tres, dont nos Adversaires nous deman-dent l'origine avec si peu d'esperance de pouvoir l'apprendre de nous.

Non les idées d'Anges . de démons, d'ames raisonnables separées du corps , &c. ne nous viennent point d'ailleurs que des idées generales d'être , de chose produite, de tout, de partie, &c. des-quelles nous avons entendu séparer les qualitez qui ne conviennent qu'aux corps.

La justice , la bonté , l'honnêteté, &c. n'ont rien de plus particulier que les qua-litez mêmes corporelles ; mais il faut ce-pendant , avant que de déterminer com-ment nous en avons les idées par les sens , dire nôtre sentiment sur la maniere dont nôtre ame , nôtre pensée , & * les actes

* J'ajoûte à nôtre pensée , les actes de la vo-lonté que Mr Descartes & tous ses Disciples auroient crû avoir exprimez sous le mot de pensée ; mais c'est que Mr Descartes ne peut citer personne avant lui , qui ait confondu ces deux choses ; & que celle-là appartient en pro-pre à l'entendement , & ceux cy à la volonté, dans le langage ordinaire de tout ce qu'il y a d'Auteurs : & Ciceron m'apprend , dans

de nôtre volonté, viennent à nous être proprement connus, parce qu'un esprit bien fait, & une volonté bien reglée, font la source de la justice, de la bonté, de l'honnêteté, &c.

Voici ce que je pense là-dessus, qui paroîtra d'abord un peu extraordinaire; mais qui est pourtant tres-naturel & tres-veritable.

Nôtre ame & toutes ses facultez, font tellement répanduës dans tous les objets materiels, qu'elles ne feroient peut-être jamais de retour sur elles-mêmes, si elles n'en étoient averties par les autres hommes. L'entêtement avec lequel tant de personnes rapportent aux parties de leur corps les sentimens de plaisir & de douleur, que ces parties ne font tout au plus que transmettre à leur ame, fait assez voir combien l'on songeroit peu à la difference qu'il y a entre l'ame & le corps, si l'on n'en étoit pas aussi exactement informé, que le font ceux du moins qui se mêlent de Science. Et l'opiniâtreté que montrent les Epicuriens,

son premier Livre de l'Orateur, que c'est un vice tres-considérable de s'éloigner de l'usage universel dans ses expressions. *Maximum est in dicendo vitium à vulgari genere orationis atque à consuetudine communis sensus abhorrere.*

qui ne font encore aujourd'hui qu'en trop grand nombre, à refifter fur la diftinc-tion de l'ame & du corps, aux raifon-nemens fans réponfe, dont on fe fert pour aneantir l'intelligence chimerique de leurs atômes, ne confirme pas peu la même verité.

Mais fuppofons qu'un homme feul & abandonné à lui-même, faffe quelque réflexion fur ce qui fe paffe dans fon interieur, je fuis fûr que fes idées les plus fpiritualifées feront encore de beau-coup plus materielles, que celle qu'ont les Epicuriens de leur ame & de fes penfées ; & que par confequent, tant que l'homme eft confideré, fans avoir égard aux inftructions que les autres lui don-nent, il ne fe reprefente rien que fous des images corporelles & fenfibles.

Il faut donc que les autres hommes l'inftruifent de la fpiritualité de fon ame & de fes penfées : & voici comme ils en viennent à bout. Il a déja d'ailleurs l'i-dée de fubftance & de qualité, ou mo-dification ; l'on joint la premiere à l'ame, & la feconde à la penfée, par des juge-mens affirmatifs ; & aprés avoir encore appliqué à l'une & à l'autre quelques idées pofitives, comme d'effet, de par-tie, &c. il fuffit de nier que l'ame & la

penfée foient corporelles, ni par confequent colorées, dures, molles, chaudes,
figurées, ou, &c. pour faire comprendre
au jufte à celui que l'on inftruit, ce que
c'eft que l'ame, la penfée & fes autres
modifications.

Pour venir donc à prefent à la juftice,
à la verité, à l'honnêteté ; dés que l'on
en fera venu à regarder comme des êtres
à part le droit d'un chacun, les operations de l'efprit, les actions de la volonté,
je ne vois pas que l'on puiffe fouffrir de
difficulté à concevoir *pour la juftice*, que
quelqu'un ait une volonté conftante de
rendre à un chacun ce qui lui appartient :
pour la verité, que les termes qui for-
ment une propofition, reprefentent les
chofes qu'ils fignifient, telles qu'elles font
en elles-mêmes ; *pour l'honnêteté*, que
l'on prévienne de bons offices de témoi-
gnages d'eftime, d'amitié, &c. ceux mêmes qui n'ont point merité ces avances.
Mais il fera peut-être embaraffant de fe
former par le miniftere des fens, ces
idées generales de droit d'un chacun, des
operations de l'entendement & des actions de la volonté ? Point du tout.

Car, premiérement, pour ce qui regarde le droit, les fens remarquent par
tant de fignes differens, qu'une perfonne

joüit en propre de telle & telle chose ;
telle autre personne , de telle autre chose,
&c. que la possession & le droit que l'on
a sur ce que l'on possede , sont de toutes
les qualitez celles qui sont les plus indu-
bitablement connuës par le moyen des
sens.

En second lieu. Quant à ce qui concerne la verité , nous avons montré si
clairement , que les signes exterieurs
nous conduisoient peu-à-peu à connoître
ce que signifioient les paroles ; & par
consequent il est si facile de remarquer
dans la suite , quand elles sont placées à
propos ou à contre-temps , que la verité
ou la fausseté s'apperçoivent dés-que l'on
sçait un peu le langage.

Troisiémement. Enfin , pour conclure
par l'honnêteté , l'on peut être si aisément
imbû des principes de cette vertu , par
les maximes qui s'en débitent par-tout ,
& que l'on voit constamment appeller
Regles & Préceptes de l'honnêteté , qu'en
détachant l'idée d'honnêteté individuelle
de chaque action honnête en particulier ,
comme nous avons déja détaché plusieurs idées des choses singulieres qui les
avoient fait naître , l'on a une notion generale d'honnêteté , à laquelle on ne peut
rien ajoûter.

J'espere donc aprés cela, que personne ne nous fera plus de questions semblables à celles de l'Art de penser : *Si ces idées sont lumineuses ou colorées, pour être entrées par la vûe ? d'un son grave ou aigu, pour être entrées par l'ouie ? d'une bonne ou mauvaise odeur, pour être entrées par l'odorat ? de bon ou mauvais goût, pour entrer par le goût ? froides ou chaudes, dures ou molles, pour être entrées par l'attouchement ?* Et j'ose me flater, que si l'Auteur de cet excellent Livre avoit vû l'explication de cette matiere, que je crois devoir à mes seules réflexions, il n'auroit point dit : *Que l'on ne peut rien répondre à ces questions, qui ne soit déraisonnable ;* & qu'il n'auroit point conclu : *qu'il est donc faux que toutes nos idées viennent de nos sens.*

Au reste, comme nous avons supposé, dans la déduction que nous avons faite des idées dans ce dernier paragraphe, tout ce qui avoit été dit dans les autres, il ne faut pas croire pouvoir l'entendre bien parfaitement, si l'on n'y joint tout ce que nous avons fait précéder. Je vais pour aider un peu le Lecteur, en faire moi-même une petite récapitulation.

Nous croyons donc avoir fait voir,

PREMIERE PARTIE.

1°. Qu'il n'est point certain que Dieu foit l'unique auteur de nos idées : 1°. Parce que la preuve tirée de ce que la créature ne peut pas créer, fur laquelle le P. Malebranche appuye cette nouvelle opinion, ne prouve rien du tout ; comme le même argument appliqué fur la volonté le fait affez voir. 2°. Parce que le fecond raifonnement du même Pere, tiré de ce que l'efprit n'a point de modéle fur lequel il puiffe former fes idées, eft encore tout à fait infuffifant, puifque l'on fournit à l'efprit ce modéle, qui eft l'image corporelle de l'objet gravée dans le fond du cerveau ; & l'on explique par conféquent ici en partie, comment nous connoiffons les objets fenfibles.

Que l'on peut même tirer de la comparaifon entre l'intelligence Divine & l'efprit humain, que ce dernier produit fes idées, de même que Dieu produit les fiennes ; & que la différence qui eft entre Dieu & l'homme, bien loin de détruire cette convenance, ne fait au contraire que marquer la fouveraine puiffance de Dieu, & perfuader qu'il a pû former des créatures qui produififfent des idées.

Nous ne prenons neanmoins aucun

parti sur cette question, qui est étrangere à nôtre sujet.

2°. Que nous n'apportons avec nous aucunes idées en naissant ; 1°. Parce que ces idées ne se font point sentir interieurement ; quoique selon Descartes & les Cartesiens, cela soit de la nature de la pensée. 2°. Parce que l'on a beau apporter de l'attention, aprés en avoir même été averti, l'on ne remarque au fond de soi-même aucune impression de cette sorte d'idées. 3°. Parce que l'on ne se souvient point de les avoir euës, lorsque par l'impression que fait sur nous l'autorité de personnes que nous estimons, nous nous sommes mis dans la tête que ces idées sont réelles. (Ici par occasion, l'on réfute la maniere méchanique dont les Cartesiens expliquent la mémoire.) 4°. Enfin parce qu'il est trop facile de déduire des sens ces idées, que l'on voudroit faire passer pour être innées, comme la seconde partie de la Dissertation le fait voir, & qu'il nous est impossible de nous les representer, sans quelque analogie avec les idées des choses qui nous ont été connuës par les sens.

3°. Que ce n'est point en Dieu que nous voyons toutes choses. 1°. Parce que les

idées

de Dieu ne peuvent jamais être
appellées nos idées, & que c'est de nos
idées qu'il s'agit. 2°. (Ce qui est une suite
de la raison précédente ;) Parce que nôtre ame doit être interieurement affectée
de la representation de l'objet. (Pour expliquer comment cela se fait, l'on expose
ici au net, de quelle maniere nous connoissons les choses qui frappent les sens,
& l'on établit la réalité des idées ob-
jectives & formelles qu'admettent les
Scolastiques.)

La perception formelle est representative ; parce que sans cela il n'y auroit
aucune image de l'objet dans l'esprit, ni
selon le P. Malebranche, qui n'y admet
que cette perception, ni selon nous, qui
prétendons que cette perception conser-
vée dans l'esprit, est l'idée objective.

Nous avons donc encore dans l'esprit
une idée objective des corps. 1°. Parce
que rien autre chose que nôtre modification ne peut être cette idée objective.
2°. Parce que Dieu le Pere a un pareil
terme de son intellection, qui est le
Verbe. 3°. Parce que dans ce système,
tout ce qui regarde nos connoissances,
s'explique tres-naturellement, comme
nous croyons le faire dans la seconde partie de nôtre Dissertation.

D'

1°. Que nous connoissons les objets né-
gatifs par les sens, soit que nous nous en
rapportions à ce que nous experimentons
nous-mêmes, soit que nous ayons recours
à ce que nous apprennent les autres, qui
sont les deux seules manieres d'acquérir
des idées.

En parlant de la maniere dont nous
viennent les idées, par les leçons que
nous donnent les autres hommes, l'on
indique comment un enfant apperçoit la
force du jugement, tant affirmatif que
negatif. C'est une réfléxion d'un grand
usage pour la suite, parce que ces ju-
gemens sont tout ce qu'il y a de plus
instructif.

2°, Que les idées des choses materielles & insensibles, nous arrivent encore par les sens, lorsque pour nous instruire l'on employe non seulement les
idées generales des objets, tant positifs
que negatifs, qui nous ont été désignez
par de certains mots; mais encore le jugement, tant affirmatif que negatif,
qui nous persuade, quoique par pure
autorité, que des idées dont nous n'a-
vons jamais éprouvé la liaison, se doivent néanmoins lier les unes avec les autres.

... les idées des objets spirituels, &
par conséquent insensibles ; parce que
nous nous formons des idées générales
de qualitez, sur ce que nous apperce-
vons dans les corps ; ce qui joint aux
moyens précédens, nous donne des idées
justes de tous les objets insensibles & spirituels. Il faut en voir le détail dans la
Dissertation même ; ce que l'on y en dit
est trop concis, pour pouvoir être repre-
senté en moins de mots.

Cette Dissertation eût été susceptible
d'un tour & d'un arrangement un peu plus
suivi ; mais l'on s'est moins inquieté de
la beauté que de la bonté. Si le Public a
pour agreable cet essay, nous tâcherons
de mettre cette matiere dans tout son
jour.

F I N

ERRATA.

Page 2. ligne 14. λιγαθίαν , *lisez* , λιγαθίων.
p.   7.   l.   28. d'enrichir , *lisez* , d'enchérir.
p.   9.   l.   13.   qu'un , *lisez* , qu'une.
p.   20.   l.   25. n'y aucune maniere , *lisez* ,
                     n'y a aucune maniere.
p.   33.   l.   24.   disent , *lisez* , disoient.
p.   35.   l. penult. formel , *lisez* , formelle.